DHAMMAPADA

O Caminho da Verdade

Ensinamentos de Buda

DHAMMAPADA

O Caminho da Verdade

Ensinamentos de Buda

— Kiran Kirti —

ISIS

Supervisor geral: Gustavo L. Caballero

Revisão de textos: Juliana Mendes

Capa e diagramação: Décio Lopes

Dados de Catalogação da Publicação

Kirti, Kiran
Dhammapada – Ensinamentos de Buda/Maurice Kiran Kirti | 2ª edição | São Paulo, SP | Editora Isis, 2013.

ISBN: 978-85-88886-65-0

1. Religião 2. Budismo I. Título.

EDITORA ISIS LTDA
www.editoraisis.com.br
contato@editoraisis.com.br

ABDR
EDITORA AFILIADA

ÍNDICE

INTRODUÇÃO

Buda, o Iluminado, é o nome conferido ao Príncipe indiano Guatama (563-483 a.d.c.), quem durante seis anos de árdua procura espiritual, uniu-se com o infinito, alcançando a iluminação, sentado ao pé da árvore Bohdi, próximo à cidade de Benarés.

Diz a lenda que os deuses suplicaram a Buda para que tivesse compaixão e ensinasse a doutrina. Ele concordou, dizendo: "Sim, ensinarei a doutrina, mas não a sabedoria, nem a natureza búdica, que não pode ser ensinada, porém, vou mostrar o caminho que leva à natureza búdica, o caminho da verdade". Isto é o budismo: o caminho à nossa própria natureza, ou melhor, o veículo com o qual podemos percorrer esse caminho.

Nos quarenta e nove anos seguintes da sua vida, Buda viajou de um lugar para o outro predicando sua doutrina, tanto para os ascetas, que viviam nos bosques, como para os habitantes das cidades, nobres e poderosos inclusive, sem aceitar qualquer autoridade religiosa, sem impor qualquer tipo de ritual nem dogma e utilizando um linguajar que era facilmente compreendido por todos.

Segundo a tradição, após a morte de Buda, formou-se um conselho composto por quinhentos sábios, repetindo os ensinamentos tal como Ananda, seu principal discípulo que ficou vinte anos ao seu lado, recordava-os. No transcurso do tempo, foram escritos em folhas de palmeiras que foram colhidas em três cestos; daí provém a palavra *Tri-Pataka*, em sânscrito; *Ti-Pataka*, em pali, significa "três cestos" e é usado habitualmente para designar as antigas escrituras budistas.

Durante o século III a. C., os ensinamentos de Buda foram divulgados por todo o território da Índia e do Ceilão, chegando a lugares longínquos, como Síria, Egito e Macedônia. Sua divulgação na China produziu-se no começo da Era Cristã, alcançando sua máxima difusão entre os séculos IV e VII, passando pelo Japão e por todos os demais países do sudeste asiático.

As escrituras canônicas budistas foram escritas em dois idiomas muito relacionados entre si: o pali e o sânscrito. Todas as escrituras em pali ficaram conservadas no Ceilão, Sri Lanka, e as escrituras em sânscritos ficaram preservadas em sua totalidade em traduções para o tibetano e o chinês.

Na atualidade, tudo o que se conserva dessas escrituras se encontra agrupado em três grandes coleções:

- o *Tipitaka* pali;
- o *Tipitaka* chinês;
- o *Kanjur* e o *Tanjur* tibetano.

O *Dhammapada* é um dos mais antigos textos budistas que chegaram até os nossos dias. Pertence ao *Tipitaka* pali, formando parte dos chamados *Sutta Pitaka* (os sutras do cânon pali).

A palavra pali *Dhamma* tem exatamente o mesmo significado que no sânscrito *Dharma*, primeira palavra do *Bhagavad Gita*, algo tão elevado e inacessível como o significado da palavra *Tao*. Foi traduzida como "a lei", "a lei moral", "o correto", a "eterna lei do universo", "a verdade", "a luz" ou mesmo "a virtude". *Pada* significa "passo" ou "caminho"; dessa forma, *Dhammapada* é o caminho da verdade, o caminho da luz, o caminho do amor, o caminho da vida, o caminho da lei e da perfeição.

É um texto muito precioso nos países budistas e também um dos mais estudados. São 423 estrofes, agrupadas em 26 capítulos.

O fato de estarem conservados, aprendidos e decorados na memória durante tantos séculos aumentou mais sua beleza e sua força, o que, por sua vez, gerou algumas variações, igualmente adaptadas do original e aceitas pela tradição.

Seus seguidores, estudiosos e eruditos aceitam que o espírito de *Dhammapada* é o próprio espírito de Buda.

O *Dhammapada* é a luz que ilumina o caminho do sincero que o procura. Nos seus primeiros versos, diz que se atuarmos com a mente pura, alcançaremos a felicidade; porém, se atuarmos com a mente impura, só alcançaremos o sofrimento. Sua mensagem é de alegria. O Buda encontrou um tesouro e quis mostrar o caminho que nos leva até ele.

O *Dhammapada* foi traduzido inicialmente para idiomas ocidentais, principalmente para o inglês, o alemão e o espanhol. Este trabalho não é uma tradução do Pali, mas uma versão das principais traduções existentes para esses idiomas.

Estas são as palavras de um erudito autor de uma das poucas traduções dos originais: "*No Dhammapada pode-se ouvir a voz do Buda. Este evangelho de luz e de amor está entre as mais elevadas obras espirituais do ser humano. Cada um dos seus versos é como uma pequena estrela que, no conjunto, brilha o esplendor da Eternidade*".

I

CAMINHOS CONTRÁRIOS

1

Aquilo que hoje somos é a consequência de nossos pensamentos de ontem.

Nossos pensamentos de hoje estão construindo nossa vida de amanhã.

Nossa vida é uma criação da nossa mente.

Aquele que fala ou atua com a mente impura só terá sofrimento, do mesmo modo que a roda da carroça segue forçosamente o boi que a arrasta.

2

O que somos hoje é consequência de nossos pensamentos de ontem.

Nossos pensamentos de hoje estão construindo nossa vida de amanha.

Nossa vida é uma criação da nossa mente.

Aquele que fala ou atua com a mente pura, a alegria o seguirá como sua própria sombra, inseparável dele.

3

Fui insultado!

Fui maltratado!

Abusaram de mim!

Fui roubado!

Aquele que vive com esses pensamentos
nunca se verá livre do ódio.

4

Fui insultado!
Fui maltratado!
Abusaram de mim!
Fui roubado!
Fique livre desses pensamentos e viverá feliz.

5

O ódio nunca vence o ódio.
O ódio só é vencido pelo amor.
Esta é a lei.

6

A maioria não percebe que viemos a este mundo para viver com harmonia.
Aqueles que são conscientes nunca brigarão com ninguém.

7

A alma daqueles que vivem só para os prazeres não está em harmonia nem é indulgente.

Serão açoitados como uma frágil árvore
é açoitada pelos fortes ventos.

8

Porém, aquele que não vive para os prazeres do mundo tem sua alma em harmonia, toma os alimentos com moderação, é forte, humilde e está sempre cumprindo as leis.

As tentações mundanas terão nele o mesmo efeito que o vento que se choca contra uma rocha.

9

Aquele que tem pensamentos tenebrosos,
é insatisfeito e cheio de desejos nunca poderá vestir
uma túnica amarela.

10

Aquele que está livre de pecado, que domina sua própria natureza, que está em harmonia consigo mesmo e que segue somente a verdade é quem merece vestir a sagrada túnica.

11

Aquele que confunde o verdadeiro com a falsidade a falsidade com o verdadeiro
nunca alcançará a verdade, estará perdido nos pensamentos errôneos.

12

Aquele que reconhece o verdadeiro como verdadeiro e a falsidade como falsidade rapidamente alcançará a verdade, seguindo o caminho da retidão.

13

Uma mente confusa é como um teto sem suporte.

A chuva da paixão inundará a casa.

14

Da mesma forma que a chuva não penetra num teto forte, as paixões não penetram
numa mente ordenada.

15

O ser humano que faz o mal sofre neste mundo e no outro.

Sofrerá em ambos os mundos.

Sofre e se lamenta de ver todo o mal que fez.

16

O ser humano que só faz o bem será feliz neste e no outro mundo.

Em ambos os mundos ficará feliz ao ver todo o bem que fez.

17

Aquele que faz o mal sofre neste mundo e sofrerá no outro.

O ser humano que faz o mal sofrerá nos dois mundos.

Sua pena será cada vez maior, pois grande é a colheita neste mundo maior é no outro.

18

Aquele que só faz o bem é feliz neste mundo, assim como no outro também será.

Em ambos verá com felicidade todo o bem que fez, e sua alegria será cada vez maior, já que a colheita é grande neste mundo e muito maior no outro.

19

Quando alguém diz coisas boas e sagradas, mas não as põe em pratica, não desfruta da felicidade, da mesma maneira que contar as cabeças de gado de outro e não participar da riqueza.

20

Aquele que diz poucas palavras sagradas,
mas vive a praticá las, livre da paixão, do ódio e da ilusão, sem se apegar a nada deste mundo nem do outro, leva uma vida santa; viverá e compartilhará toda a felicidade.

II

VIGILÂNCIA

1

A vigilância é o caminho que leva à imortalidade;
A negligência é o caminho para a morte.
Os que permanecem vigiando nunca morrerão;
Os negligentes serão como se já estivessem mortos.

2

Os que captam esta verdade com a mente clara são sábios e descobrem a alegria da vigilância, a alegria que enche o caminho dos iluminados.

3

O sábio medita com perseverança, trabalha constantemente, procura com todas as suas forças a sua liberdade e ao final alcançará a iluminação, a paz suprema e a alegria infinita.

4

Aquele que permanece alerta e desperto,

que observa e reflexiona, que é cuidadoso nos seus atos e que vive de acordo com a verdade verá a glória crescer no seu interior.

5

Às claras, com paciência, disciplina e trabalho, com harmonia e controle, o sábio constrói uma ilha que nenhuma tempestade poderá arrasar.

6

O desatento e ignorante é descuidado;
O sábio vigia constantemente sua concentração, pois é seu mais valioso tesouro.

7

Não se entregue ao desejo, à indulgência,
Não se afunde nos prazeres mundanos.
Esteja sempre vigilante, em profunda contemplação.
Assim alcançará a felicidade suprema.

8

O sábio superou todos os desejos, e das alturas da sabedoria, contempla sem compaixão aqueles que sofrem.
Do alto da montanha, olha aqueles que vivem na planície.

9

Vigilante entre os inconscientes.
Desperto entre os que dormem.
Veloz como um cavalo de pura raça.
O sábio ganha terreno, deixando para trás os mais lentos.

10

Foi vigiando que Indra chegou a ser o rei dos deuses.
Os deuses apreciam a vigilância e desprezam a negligência.

11

Aquele que cuida dos seus pensamentos
e vigia as projeções de sua mente queima todos os obstáculos, tanto os grandes como os pequenos.

12

Aquele que cuida de sua mente e vigia seus pensamentos encontra o caminho da felicidade e alcançará a vitória, pois está próximo da iluminação.

III

A MENTE

1

A mente é como as ondas, inquieta, difícil de guardar e conter.
O sábio dirige sua mente como o arqueiro dirige sua flecha.

2

Os pensamentos se agitam como um peixe tirado da água.
A mente luta, peleja para se libertar do poder da morte.

3

A mente é inconstante e fugaz.voa atrás de qualquer fantasia, e é difícil dominá-la.

O domínio da mente conduz à felicidade.

4

A mente é invisível, sutil e caprichosa.

Porém, o sábio sabe dominá-la, pois o domínio da mente conduz à felicidade.

5

Sem corpo e oculta atrás dos mistérios da consciência, a mente voa para longe.

O sábio tranquiliza seus pensamentos e acaba com a peregrinação da mente.

Assentado na harmonia, liberta-se da escravidão e da morte.

6

Aquele cuja mente está em desordem, que não conhece o caminho da verdade, cuja fé e paz são constantemente alteradas, nunca alcançará a sabedoria.

7

Porém, aquele que controla seus sentimentos, que tem a mente em ordem e em paz, que transcendeu o bem e o mal, está desperto, observa e não conhece o medo.

8

Sabendo que nosso corpo é frágil como um jarro de vidro, faça de sua mente uma fortaleza.

Lute contra as tentações e, após a vitória, defenda vigilante alquilo que tiver conquistado.

9

Pois logo o corpo sem vida repousará na terra como um pedaço de lenha sem nenhum valor.

10

Seu pior inimigo não lhe poderá fazer tanto mal como seus próprios pensamentos.

11

Nem seu pai, nem sua mãe, nem seu amigo mais querido poderá ajudá-lo tanto como sua própria mente disciplinada.

IV

AS FLORES DA VIDA

1

Quem conquistará este mundo e o mundo dos deuses?
O mundo da dor e da morte?
Quem encontrará o *Dhammapada*, no caminho da perfeição?
A mais bela flor entre as flores?

2

O discípulo dedicado poderá conquistar este mundo e também o mundo dos deuses e o mundo da morte e da dor.
Ele encontrará o *Dhammapada*, o iluminado caminho da perfeição, igual ao homem que, procurando flores, encontra a mais bela e formosa.

3

Aceite que este corpo não é mais que a espuma de uma onda, uma sombra.

Quebre as afiadas flechas do desejo escondidas atrás das flores.

Invisível para a morte, siga seu caminho adiante.

4

Aquele que corta flores distraidamente deixa-se surpreender pela morte, assim como uma cidadezinha adormecida é pega de surpresa pela enxurrada.

5

A morte acaba com o homem que, despreocupado, corta as flores antes que tenham completado seus desejos.

6

Como uma abelha que retira o néctar de uma flor e sai voando sem destruir sua beleza nem o perfume, assim o sábio conduz sua vida.

7

Não olhe os erros dos outros, o que fizeram ou deixaram de fazer.

Observe melhor seus próprios erros,
o que fez e o que deixou de fazer.

8

Como uma flor com aparência formosa, porém sem perfume, as palavras mais belas não terão sentido se não forem postas em prática.

9

Como uma linda flor perfumada de belos coloridos são as palavras de quem as põe em prática.

10

Como os mais belos buquês de lindas flores, assim são as boas ações que todo mortal pode realizar.

11

O perfume das flores não se propaga contra o vento.
Nem o do sândalo, nem o da rosa, nem o do jasmim.
Porém, o perfume do homem virtuoso se estende por toda parte e em todas as direções.

12

A fragrância da virtude é muito mais preciosa que a do sândalo, a da rosa e a do jasmim.

13

O perfume do sândalo e o da rosa é delicado, porém não vai muito longe.
A fragrância da virtude se eleva até os mesmos deuses.

14

A morte não pode atravessar o caminho do homem virtuoso e desperto, o caminho do verdadeiro sábio.

15-16

Da mesma forma que a flor do loto pode crescer num terreno sujo à beira de um caminho, brilha entre os mortais a luz pura de quem segue o caminho de Buda.

V

O TOLO

1

Como é longa a noite da sentinela!
Como é longo o caminho do viajante cansado!
Como é longo vagar pelas vidas em direção à morte,
para o tolo que se perde neste caminho!

2

Se, durante a viagem pela vida, alguém não pôde encontrar um companheiro igual ou melhor que ele, é preferível seguir sozinho a ser acompanhado por um tolo.

3

Estes são meus filhos!
Isto é o que possuo!
Assim, o tolo, complica sua vida.
Ele nem mesmo é dono da sua vida?
Como poderia ser dono de seus filhos e de suas riquezas?

4

O sujeito que reconhece suas próprias bobagens não é um bobo.
Porém, o bobo que se acha sábio é o verdadeiro bobo.

5

Se o tolo vivesse toda a sua vida com um sábio, mesmo assim nunca descobriria o caminho do conhecimento, da mesma forma que a colher é incapaz de reconhecer o sabor da sopa.

6

Mas o homem que observa e vê, se permanecesse por um momento com um sábio, rapidamente descobriria o caminho do conhecimento, assim, como a língua, reconhece o sabor da sopa.

7

O tolo que acredita ser sábio caminha pela vida sendo inimigo de si próprio.

Suas néscias obras produzem amargos frutos.

8

Para que fazer coisas das quais se arrepender depois?

Não é necessário viver com tantas lágrimas.

9

Faça somente o bem, para não ter de se arrepender; faça aquilo cujos doces frutos um dia recolherá.

10

Os erros de um tolo, para ele, são doces como mel, até o momento de colher o fruto e perceber que é amargo como fel.

11

O jejum e a abstinência do tolo não têm nenhum valor comparados com os daquele cujos pensamentos se alimentam da verdade.

12

Da mesma forma que o leite não azeda de repente, os frutos das más ações tampouco chegam de repente.

Sua maldade permanece escondida, como o fogo entre as cinzas.

13-14

Se, para sua própria desgraça, o tolo incrementa seus conhecimentos, isso só lhe trará dores de cabeça, tornando a sua vida muito pior do que antes era, pois ele exigirá reconhecimento, buscará ocupar um lugar privilegiado e ser venerado por todos.

15

"Que todos saibam o que tenho conseguido",
"Que me peçam conselhos", são esses os vãos pensamentos do tolo, alimentados pelo seu desejo e pelo seu orgulho.

16

Somente há um caminho que leve à riqueza e outro ao despertar.

Aquele que segue o caminho de Buda não precisará procurar por fama nem riqueza;
seu objetivo será alcançar sua liberdade.

VI

O SÁBIO

1

O sábio saberá dizer onde erramos e onde ou quando podemos falhar.
Ele mostrará os perigos da vida.
Tesouros muito valiosos são esses.
Uma pessoa assim, é bom acompanhá-la.

2

Deixe-o que mostre e corrija tudo aquilo
em que estamos errados.
Ele será amado e apreciado pelos bons e depreciado pelos maus.

3

Não procure pela companhia dos inconscientes e nem tenha como amigo os malvados.

Procure a companhia daqueles que procuram pela verdade e faça amizade com os que têm a alma limpa.

4

Aqueles que bebem das águas da verdade moram na felicidade com a mente tranquila.

O sábio se deleita com a verdade e segue as leis dos escolhidos.

5

Aquele que faz um açude domina a água.

O que faz flechas as faz retas.

O marceneiro domina a madeira, e o sábio domina sua mente.

6

Como o vento não pode levar uma montanha, assim as maldições não podem afetar o homem sábio.

7

Como um lago tranquilo, puro e profundo, assim é a alma do sábio ao escutar a verdade.

8

O bom homem trabalha com desapego, é discreto e carece de desejos.

Nem os prazeres nem a dor o afetam.

9

O sábio não procura família, dinheiro nem poder.

Sua finalidade não é o sucesso, senão a verdade.

10

São poucos os que conseguem atravessar o rio, alcançando assim a iluminação.

A maioria anda perdida beira acima e abaixo.

11

Entretanto, aqueles que têm o conhecimento da lei e a seguem alcançarão o outro lado do rio e transcenderão aos domínios da morte.

12-13

O sábio deixa o caminho da escuridão e busca o caminho da luz.

Deixa o conforto do seu lar e procura uma vida livre.

Nessa solidão, que poucos apreciam, encontra a suprema jóia, livre de suas possessões, desejos e de qualquer outra coisa que possa escurecer sua mente.

14

Aquele que conhece o caminho da luz, aquele que se desprende das amarras e desfruta com sua liberdade, o que está livre da escuridão e de possessões alcançará o eterno Nirvana.

VII

LIBERDADE INFINITA

1

Aquele que conseguir chegar ao final do caminho estará livre de desejos e das correntes que o prenderam durante toda a sua viagem.

A febre da vida deixará de perturbá-lo, desfrutando assim de uma liberdade infinita.

2

Aquele que tem pensamentos elevados não conhece o descanso.

Permanecer sempre no mesmo lugar não o faz feliz.

Como um cisne que, deixando o lago, eleva-se no ar, deixa seu lar na procura de outro mais elevado.

3-4

Como seguir aquele que se eleva desprezando a abundância e procurando a liberdade?

Seu caminho é difícil de seguir, assim como o dos pássaros no céu.

5

Controle seus sentidos como um condutor conduz seus cavalos e, livre de orgulhos e baixas paixões, até os deuses se inclinarão para admirá-lo.

6

Tranquilo como a terra firme, firme como uma coluna, puro como um lago, fique livre das mortes sucessivas.

7

Na luz de sua visão, alcançou sua liberdade.

Seus pensamentos estão em paz, suas palavras e suas obras são a paz.

8

Livre de toda crença, livre da escravidão e das tentações, abandone todos os seus desejos.

É grande entre os homens.

9

Seja na cidade ou no campo, no mar ou nas montanhas, vivendo junto com ele sempre estará a felicidade.

10

Os lugares que para outros seriam insuportáveis, para ele são magníficos, pois já não tem desejos nem paixões e encontrou a alegria que muitos outros não conseguiram encontrar.

VIII

MELHOR QUE MIL

1

Melhor que mil palavras ocas, uma só que ofereça paz.

2

Melhor que mil versos vazios, um único
verso que traga paz.

3

Melhor que mil poemas ruins, um único poema que
confira paz.

4

Melhor se vencer a si próprio que vencer mil soldados em batalha.

5-6

A vitória sobre si mesmo, ninguém poderá arrebatá-la.

Nem anjos nem demônios, nem o céu nem o inferno poderão convertê-la em derrota.

7-8

Melhor que cem anos de oferendas e adorações, melhor que todos os sacrifícios é um momento de reverência ao homem que se conquistou a si próprio.

10

O respeito a um homem assim gera quatro coisas: vida, beleza, felicidade e força.

11

Melhor que cem anos de vícios,
um só dia de contemplação.

12

Melhor que cem anos de ignorância,
um dia de sábia reflexão.

13

Melhor que cem anos de preguiça, um dia de verdadeiro esforço.

14

Melhor que cem anos sem pensar como as coisas vêm e vão, um dia de compreensão.

15

Melhor que viver cem anos nas trevas, ver um dia de nossa imortalidade.

16

Melhor um dia vendo o nosso caminho que o resto da nossa vida sem vê-lo.

IX

O BEM E O MAL

1

Corra e faça o bem.
Mantenha sua mente longe do mal.
Se demorar em fazer o bem, sua mente se acomodará no mal.

2

Se fizer alguma coisa má, não faça de novo.
Não faça daquilo um hábito.
Não fique satisfeito com seu pecado.
A acumulação de erros é a causa do sofrimento.

3

Se fizer alguma coisa boa, faça de novo.
Fique satisfeito com seu trabalho.
O acúmulo de acertos gera felicidade.

4

O tolo desfruta de seus pecados sem saber que não lhe darão nenhum fruto, até que ele mesmo perceba seus erros.

5

Fazer o bem pode ser doloroso, até que as boas obras doem seu fruto.
Então, o bem é inevitavelmente reconhecido.

6

Não creia que suas falhas não têm importância pensando "isto para mim não é nada".
Gota a gota se enche um balde.
Aos poucos, o mal vai se acumulando.

7

Não desprezes nenhuma boa obra pensando "isto para mim não é nada".

Gota a gota se enche um balde.

Aos poucos, o bem vai se acumulando.

8

Evite os perigos do mal, assim como um comerciante evita os perigos do caminho; igual a quem preza pela sua vida, evita ingerir veneno.

9

Como uma mão sem feridas pode tocar sem medo o veneno, tampouco o mal pode afetar o homem de bem.

10

Se um tolo faz mal a um homem de bem, puro e sem pecados, o mal retornará a ele mesmo assim como o pó lançado contra o vento.

11

Alguns renascem na terra, outros renascem no inferno e outros o fazem no céu.
Porém, o puro não renasce: alcança a iluminação.

12

Nem no ar, nem nas profundezas do mar, nem na caverna da montanha pode o homem se livrar do mal que fez.

13

Nem no ar, nem nas profundezas do mar, nem na caverna da montanha o homem fica livre da morte.

X

VIDA

1

Todos os seres tremem perante o perigo da morte; aqueles que têm esse medo não matam nem geram a morte.

2

Todos os seres temem o perigo, todos amam a vida.
Aqueles que têm esse temor não matam nem geram a morte.

3

Quem busca a felicidade fazendo o mal ao próximo nunca a encontrará.

4

Quem não faz mal ao próximo encontrará facilmente a felicidade.

5

Nunca use palavras violentas, pois estas se voltarão contra você.

Ferirão você depois de ter ferido a outros.

6

No silêncio como um sino quebrado, alcançará a paz da iluminação: conhecimento, calma e liberdade.

7

Da mesma forma que os pastores levam seus rebanhos para comer novas pastagens, assim a velhice e a morte levam as criaturas a novas formas de vida.

8

O tolo distraído acenderá uma fogueira onde ele mesmo será queimado.

9-12

Aquele que castiga um inocente ou faz mal a um inválido receberá dez vezes esse mesmo castigo: dor, sofrimento, doenças, loucuras e acidentes, perda da confiança, da proteção da família e da fortuna.

Um raio incendiará sua casa, e ele renascerá do inferno.

13

Nem andar sem roupas, nem jejuar, nem dormir no chão, nem cobrir seu corpo com cinzas, nem passar horas meditando.

Nada disso serve se o homem não está limpo de dúvidas e desejos.

14

Entretanto, aquele que vive na paz, veste-se adequadamente, é disciplinado, tranquilo e não se deixa levar pela violência observando os erros alheios é um verdadeiro seguidor, não importa qual seja a sua aparência.

15

Existe alguém neste mundo que evite a maledicência como o cavalo evita o chicote?

16

Tenha o empuxo do bom cavalo, na fé, na virtude, na energia, na contemplação, na sabedoria e na correta ação. Dessa forma, transcenderá as dificuldades deste mundo.

17

Quem faz os poços controla a água, quem faz as flechas as faz retas, o marceneiro domina a madeira e o sábio molda-se a si próprio.

XI

VIDA APÓS

1

Como pode haver felicidade?

Como pode haver prazer, se o mundo inteiro está ardendo em chamas?

Se estivesse perdido na escuridão, não agradeceria por um pouco de luz?

2

Observe seu corpo: um boneco pintado, que sofre e padece debilitado.

3

Que frágil e vulnerável é!

Um sem-fim de doenças.

Um foco de corrupção, condenado a se dissolver,
a ser destruído.

A vida acaba na morte.

4

Olha para esses ossos embranquecidos, como cana seca
no outono.

Quem poderá continuar a rir?

5

Este corpo é uma casa de ossos, cobertos de sangue e carne.

O orgulho e a hipocrisia moram nessa casa, assim como
a velhice e a morte.

6

As magníficas carruagens dos reis enferrujam-se,
e o corpo envelhece.
Mas a virtude do homem bom não tem idade.
Este ensinamento é do bom para os bons.

7

O homem ignorante é como um boi. Cresce e se faz velho, mas não aumenta a sabedoria.

8-9

Tenho procurado durante muitas vidas o construtor da vida e da morte.
Como deve ser grande a pena daquele que deve morrer!
Como é difícil andar de vida em vida! Finalmente
vi o construtor!
Nunca mais terá de construir a casa!
As vigas dos pecados estão quebradas!
Os tijolos da ignorância foram destruídos! A febre dos desejos já passou!
Minha mente mortal desapareceu na imortal alegria da iluminação!

10

Aquele que viveu na juventude desordenada, sem se preocupar em acumular os verdadeiros tesouros da vida, ao chegar à velhice é como uma garça agonizante num lago sem peixes.

11

Mais triste que m arco quebrado, que é deixado de lado porque já não servc mais, é o homem que se lamenta do seu passado, aquele que viveu uma juventude desordenada, sem se preocupar em acumular os verdadeiros tesouros da vida.

XII

VOCÊ MESMO

1

Ame a si mesmo, cuide de si mesmo. Vigie, pelo menos, a terceira parte da noite.

2

Quando tiver encontrado a verdade, ensine-a a todos aqueles que não a encontraram para evitar seus sofrimentos.

3

Para poder ensinar a outros, terá, primeiramente, de ter domínio de si mesmo.

Realmente, é difícil a tarefa de se dominar a si próprio.

4

Somente você poderá ser seu próprio mestre.

Quem mais poderia lhe ensinar?

Quando o mestre e o discípulo são a mesma pessoa, acontece o verdadeiro progresso.

5

Todos os males e infortúnios procedem de você mesmo e foram criados por você. Todos serão quebrados como o diamante rompe a rocha.

6

Seus próprios erros são mais degradantes que seus piores inimigos.

São como plantas parasitas que enforcam sua própria árvore da vida.

7

Como é fácil se deixar levar pelo erro, sem saber o mal que causará.

8

A planta *kashta* morre ao dar seu fruto. Igual é o tolo que despreza os ensinamentos dos mais sábios.

Com seu desprezo àqueles que seguem a lei, aumenta o perigo, cada vez mais, à medida que a estupidez aumenta.

9

O mal é você mesmo quem o produz, e é você mesmo quem o sofre.

Porém, é você mesmo quem pode fazer o esforço para se transformar em um ser puro.

A pureza e a impureza estão em nós mesmos.

Ninguém pode purificar outro ser.

10

Não troque seus deveres pelos de outra pessoa, nem descuide de suas obrigações pelas obrigações de outros.

Não importa o quanto nobre ele possa ser. Você está aqui para descobrir seu próprio caminho e se entregar de corpo e alma.

XIII

O MUNDO

1

Não viva uma vida baixa.
Não se esqueça do principal.
Não vá atrás de ideias errôneas.
Não se afunde no mundo.

2

Levante-se!
Observe.
Ande pelo caminho da correção.
Não escolha o errôneo.
Aquele que escolhe o caminho bom desfrutará da felicidade neste mundo e no outro.

3

Escolha o caminho certo.

Não escolha o caminho da perdição. Aquele que escolhe o caminho errado não encontrará a felicidade nem neste mundo nem no outro.

4

Quando alguém se encontra neste mundo como uma bolha de sabão, como uma ilusão, como uma aparência, o rei da morte não tem nenhum poder sobre ele.

5

Venha e olhe este mundo.

É como uma carruagem real,
no qual os negócios se afundam.

Porém, o sábio não se deixa impressionar por ele.

6-7

Como surge a lua dentre as nuvens mostrando seu brilho e resplendor, assim emerge o homem que consegue dissipar sua ignorância.

8

O mundo está nas trevas, e poucos conseguem ver a luz.
Poucos são os pássaros que escapam das redes.
Também são poucas as almas que voam à liberdade.

9

Como um cisne se eleva para o sol, voando milagrosamente pelo ar, o homem forte vence o mal e seus aliados, elevando-se para a liberdade do céu.

10

Aquele que despreza o outro mundo transgride as leis sempre que o deseja, e suas palavras são mentirosas.
Quanta maldade não poderá cometer?

11

Os miseráveis nunca entrarão no céu dos deuses, e os tolos desprezam sua generosidade.
Porém, o sábio é feliz ajudando.
A felicidade é sua recompensa, aqui e no outro mundo.

12

Melhor que o poder terreno, melhor que chegar ao céu e melhor que o domínio dos mundos é o primeiro passo para o caminho que leva à libertação.

XIV

O ILUMINADO

1-2

Que caminho poderia ser tentador ao Buda, que se passeia pelo infinito?

O Buda que está desperto e cuja vitória não pode converter-se em derrota?

O Buda sobre quem a venenosa rede dos desejos não tem nenhum poder?

3

Inclusive os deuses quiseram ser como o Buda,
que está sempre desperto e observando,
que encontra a paz na contemplação, que,
tranquilo e firme, é feliz na renúncia.

4

Como é difícil renascer!
Como é difícil viver!
Muito mais difícil é descobrir o caminho certo,
despertar e seguir os iluminados.

5

O ensinamento é simples: faça o que está bem.
Não faça o que está mal.
Mantenha sua mente pura.
Esse é o ensinamento do Buda.

6

A paciência é o maior sacrifício.
A iluminação é o bem mais elevado.
É assim que dizem os que estão despertos.
Se um homem fere outro, não é um monge.
Se um homem ofende outro, não é um asceta.

7

Não ofender de fato, nem de palavra, comer e dormir com moderação, concentrar-se nos melhores pensamentos e viver uma vida simples, esses são os ensinamentos de Buda.

8.9

Mesmo se chovesse ouro, não apagaria a sede.

O final de todo prazer é a dor.

Quando desaparecem os desejos, surge a felicidade.

O seguidor de Buda descobre essa verdade.

10.11

Aquele que tem medo procura refúgio nas montanhas, nas florestas sagradas ou nos templos.

Porém, tais refúgios não servem, pois, por onde for, suas paixões e sofrimentos o acompanharão.

12

Somente aquele que procura refúgio no caminho e viaja com aqueles que o seguem consegue descobrir as quatro nobres verdades.

13

O sofrimento, a causa do sofrimento,
o fim do sofrimento e o sagrado caminho
que acaba com o sofrimento.

14

Esse é um refúgio seguro.

Esse é o refúgio supremo.

O homem que penetrar nesse refúgio estará salvo do sofrimento.

15

Não é fácil encontrar um homem de verdadeira visão.

Um Buda não nasce em qualquer lugar. Felizes são aqueles entre os quais nasce.

16

Feliz é o nascimento de um iluminado, felizes seus ensinamentos do Dhamma, feliz a harmonia de seus seguidores, feliz a vida daqueles que vivem em harmonia.

17.18

Bem-aventurados os que reconhecem o homem desperto, o mestre e seus discípulos.

Bem-aventurados os que respeitam todos aqueles que atravessaram o rio da dor e que, livres do medo, desfrutam a glória da iluminação.

XV

A FELICIDADE

1

Vamos viver em paz entre aqueles que nos odeiam.

Vivamos com amor.

2

Vivamos felizes.

Vivamos sãos no meio dos enfermos.

3

Vivamos com felicidade e em paz
no meio daqueles que pelejam.
Vivamos em paz.

4

Vivamos felizes sem ter nada.
Vivamos felizes como espíritos de luz.

5

A vitória gera ódio, pois aquele que foi vencido sofre.
Somente aquele que renuncia à vitória e à derrota
alcança a verdadeira felicidade.

6

Não existe fogo pior que o desejo.
Não há pior enfermidade que o ódio.
Não existe pior sofrimento que o da desarmonia.
Não existe felicidade como a da iluminação.

7

A ânsia pelas paixões é a maior enfermidade.
A desarmonia, o pior sofrimento.
Quem conhece isso sabe que a iluminação
é a maior felicidade.

8

A saúde é o bem mais precioso.
A paz, o maior tesouro.
A confiança é nossa melhor amiga.
A iluminação, nossa maior felicidade.

9

Aquele que conhece a solidão do silêncio e sabe saborear a alegria da tranquilidade está livre do medo e do pecado e desfruta da alegria do Dhamma.

10

Que grande alegria ver os escolhidos! Que grande prazer a companhia dos grandes sábios!

Longe dos tolos, pode-se viver feliz.

11

O prazer de estar com um sábio é como o de encontrar um familiar muito querido. Porém, que longo se faz um caminho na companhia de um tolo!

É como estar com um inimigo.

12

Se encontrares um homem constante, desperto à luz interior, que sofre e suporta a dor com devoção, que é nobre e bondoso, acompanhe-o, como a lua acompanha o caminho das estrelas.

XVI

PRAZERES EFÊMEROS

1

Não permita que os prazeres da vida tirem você do caminho da meditação.

2

Liberte-se dos prazeres e da dor,
pois não é só a dor que causa o sofrimento.
Não conseguir os prazeres da vida
também causa sofrimento.

3

Não fique prisioneiro dos prazeres,
pois perder os prazeres traz a dor.
Somente aquele que está livre da dor
e dos prazeres está livre das amarras.

4

Do prazer surge a dor e do prazer surge o medo.
Quem estiver livre dos prazeres estará livre
da dor e do medo.

5

Da paixão surge o sofrimento, da paixão surge o medo.
Aquele que estiver livre da paixão também estará livre
do sofrimento e do medo.

6

Da sensualidade surge o sofrimento,
da sensualidade surge o medo.
Aquele que estiver livre da sensualidade também estará livre do sofrimento e do medo.

7

Do desejo surge o sofrimento, do desejo surge o medo.
Aquele que estiver livre do desejo também estará livre do sofrimento e do medo.

8

Do anelo surge o sofrimento, do anelo surge o medo.
Aquele que estiver livre do anelo também estará livre do sofrimento e do medo.

9

Aquele que é puro e vê aquele que sempre diz a verdade, quem faz o que tem de ser feito e segue o caminho da perfeição é amado por todos.

10

Com a mente decidida, livre de desejos e de prazeres sensuais, vão à procura da liberdade; é por isso que são chamados de "os que remam contra a corrente".

11-12

Como o viajante que, ao voltar de uma longa viagem, é bem-recebido por sua família e por seus amigos, da mesma forma as boas obras feitas nesta vida nos receberão na outra, com a alegria de dois amigos que voltam a se encontrar.

XVII

ABANDONE A IRA

1

Abandone a ira.

Abandone o orgulho.

O sofrimento não pode alcançar aqueles que não estão amarrados a nada, os que não têm nada.

2

Aquele que pode controlar sua ira como o condutor conduz sua carruagem é um bom condutor, não como outros que apenas seguram as rédeas.

3

Derrote a ira com a arma da paz, derrote o mal com a arma do bem.

Derrote o ódio com a arma da generosidade e derrote o mentiroso com a arma da verdade.

4

Fale com a verdade, não se entregue à ira. Dê o que puder àqueles que pedirem. Seguindo esses três passos, caminhará para os deuses.

5

O sábio não faz mal a nenhum ser vivo e mantém o domínio sobre seu corpo.

É assim que alcança a iluminação, deixando para trás todo sofrimento.

6

Aquele que procura a perfeição vigia dia e noite, até que seus desejos desapareçam.

7

Você será criticado se permanecer em silêncio, será criticado se falar demais e será criticado se falar pouco.

De qualquer forma será criticado.

8

O mundo sempre encontrará uma desculpa para enaltecê-lo ou criticá-lo.

Sempre foi assim e sempre assim será.

9-10

Quem se atreverá a fazer uma maldição ao homem que os sábios respeitam?

Se sua vida é pura e cheia de luz?

Quem possui a virtude e a sabedoria? Quem amaldiçoará uma moeda de ouro achada na beira de um rio?

Até os deuses o admiram, e Brahma, o Criador, o enaltece.

11

Cuide da ira do corpo.

Domine-a, seja seu dono.

Não o castigue, use-o adequadamente.

12

Cuide-se da ira das palavras.

Domine-as.

Faça que digam a verdade.

Não faça delas uma arma.

Use-as adequadamente.

13

Cuide-se da ira da mente.

Domine seus pensamentos.

Não ofenda ninguém com a mente.

Use-a adequadamente.

14

São sábios aqueles que dominam o corpo,
a palavra e a mente.

Esses são os verdadeiros sábios.

XVIII

APRESSE-SE E LUTE

1

Você é como uma folha seca e amarela, esperando pelo mensageiro da morte.

Vai viajar muito longe, está levando o necessário?

2

Construa uma ilha para você mesmo. Apresse-se!

Lute!

Limpo de impurezas e desejos, chegará à terra dos sábios.

3

Você chegou ao final da sua vida, está na presença da morte. Não há descanso no caminho, e você não tem provisões.

4

Construa uma ilha para você mesmo. Apresse-se!
Lute!
Limpo de impurezas e desejos, não retornará a nascer nem voltará a morrer.

5

Da mesma forma que o joalheiro limpa a prata de impurezas, assim o sábio vai se limpando a si mesmo, lenta e harmoniosamente.

6

Da mesma forma que a ferrugem vai corroendo o ferro, as más obras do indulgente vão levando-o ao caminho do mal.

7

A repetição é o óxido dos versos sagrados.

A falta de manutenção é o óxido de uma casa.

A falta de exercícios saudáveis é o óxido do corpo.

A negligência é o óxido daquele que procura a felicidade.

8

A má conduta é o pecado da mulher.

Não ser generoso é o pecado do homem. As más ações são os pecados deste e do outro mundo.

9

Entretanto, o maior de todos os pecados é a ignorância.

Abandone-a!

Esteja livre desse pecado.

10

A vida parece fácil para o homem que não tem vergonha, para o falante, para o impudico, para o arrogante, para o insolente e para o corrupto.

11

A vida parece difícil para aqueles que se esforçam por alcançar a perfeição, para o humilde, para o puro, para o desprendido e para aqueles que buscam a luz.

12-13

Aquele que destrói sua vida: que rouba, que bebe, o mentiroso, quem não consegue se dominar a si mesmo prepara sua cova neste mundo.

14

Lembre-se: a má conduta não tem freios. Não se entregue ao sofrimento.

15

Há quem ofereça de boa–fé; outros o fazem por puro prazer ou egoísmo.

Se seus pensamentos estão preocupados
com aquilo que outros oferecem ou dão,
como conseguirá a meditação plena?

16

Aquele que arranca de si a inveja, extrai suas raízes e as queima poderá, dia e noite, se dedicar à meditação.

17

Não há fogo mais intenso que o da paixão.
Não há correntes mais fortes que as do ódio.
Não há pior erro que o da ilusão.
O desejo é um rio que se precipita.

18

É fácil ver as falhas de outros, mas como é difícil ver as nossas próprias!

Exibimos as falhas de outros como o vento espalha a poeira e ocultamos as nossas como um jogador trapaceiro esconde as cartas.

19

Se as paixões de outros são excitantes, se sempre encontra falhas para criticar, você está longe da realização.

20

Não há nenhum caminho marcado no céu. Cada um deve encontrar o seu no seu próprio interior.

Alguns desfrutam contando quantos obstáculos encontraram no seu caminho.

Somente os despertos atravessaram o rio do tempo, vencendo a vaidade do mundo.

21

Não há nenhum caminho marcado no céu. Cada um deve encontrar o seu no seu interior.

Tudo muda e tudo passa; somente o iluminado permanece eternamente.

XIX

O JUSTO

1

Aqueles que são apressados e com violência querem conseguir as coisas estão no caminho errado.

2

O sábio considera tranquilamente o que está bem e o que está mal, enfrentando soluções calmamente, sem rancor nem violência.

Ele é guardião da verdade, e a verdade o protege.

O sábio é justo.

3

Não é mais sábio aquele que fala muito. Mantenha-se em silêncio e tranquilo. Ame e não tenha medo.

4

Não é por falar como um erudito que é mais justo.

Se uma pessoa é analfabeta mas não esquece o caminho da correção e suas ações são boas, é uma boa seguidora da justiça.

5

Os cabelos brancos não fazem um mestre, pois pode-se envelhecer em vão.

6

O autêntico mestre vive dentro da verdade, cheio de boa vontade, retidão, pureza, moderação e sem violência.

7

Não será por falar bem, nem por sua bela aparência que um invejoso egoísta e mentiroso se transformará em um sábio.

8

Somente aquele que expulsou de si próprio esses três pecados, poderá chegar a ser um mestre.

9

Não é por raspar sua cabeça que se converte num seguidor sincero.

Como poderia ser, se se afastou de suas obrigações e está cheio de desejos e paixões?

10

O verdadeiro sábio acalma toda a maldade, grande ou pequena, pois antes, acalmou-a em si mesmo.

11

Não é um verdadeiro seguidor só por pedir esmola, senão por seguir a verdade e a lei.

12

Somente aquele que transcendeu o bem e o mal, o corpo e a mente é o verdadeiro seguidor.

13

O mentiroso e ignorante não se converte em mestre por permanecer em silêncio.

14

Somente aquele que reflexiona em silêncio, que analisa o que há de bom nele e enxerga a natureza dos mundos pode ser chamado de um verdadeiro mestre.

15

Quem faz mal a outros seres vivos ou fere-os
não tem alma nobre.

Alma nobre é a de quem não faz mal
a nada nem a ninguém.

16-17

A boa conduta não garante estar no caminho da verdade, nem o ritual, nem os livros lidos, nem a concentração, nem o isolamento.

Nada disso confere a alegria da liberdade desconhecida por muitos.

Seguidor, não fique satisfeito!

Ainda não alcançou a vitória!

Precisa estar livre de todos os desejos!

XX

O CAMINHO

1

O melhor caminho é o da verdade.
A melhor das verdades são as quatro verdades.
O melhor dos estados, a liberdade das paixões.
O melhor do homem, o que vê.

2

Este é o caminho, o único que leva à purificação da mente.
Siga nele, e acabarão todas suas confusões.

3

Aquele que segue caminho caminha
para o fim de seus sofrimentos.
Buda mostrou esse caminho ao mundo, quando
descobriu as raízes da dor.

4

É você mesmo quem deve fazer esse esforço.
Os mestres lhe indicarão o caminho.
Se meditar e seguir a lei, estará livre das garras do desejo.

5-6-7

Tudo passa, tudo é sofrimento e tudo é irreal.
Aquele que entende isso domina o sofrimento.
Está no caminho da felicidade.

8

Se, enquanto se é jovem e forte, não se esforça e luta, entregando-se à indolência e ao abandono, nunca encontrará o caminho da sabedoria.

9

Domine suas palavras, domine seus pensamentos, não prejudique ninguém.

Siga fielmente essas indicações e alcançará o caminho dos sábios.

10

A meditação conduz à luz.

A dispersão conduz à escuridão.

Escolha o caminho que o leva à luz.

11

Poda as árvores dos desejos, não só uma árvore; o perigo está na floresta.

Se cortar o bosque e arrancares suas raízes, estará no caminho da liberdade.

12

Por menor que seja um desejo, manterá você amarrado, como um filhote à mãe.

13

Afaste o amor por você mesmo como se afasta uma folha seca que cai da árvore. Segue o caminho da paz, o caminho que ensinaram os iluminados.

14

Aqui vou morar no inverno e aqui vou morar no verão.

Assim faz seus planos o insensato que se esqueceu da morte.

15

A morte arrasa o homem satisfeito de si próprio e distraído do mundo como as águas torrenciais arrasam a aldeia adormecida.

16

Nem um pai, nem um filho, nem o amigo mais querido podem deter a morte. Quando esta chega com força, nada daquilo que o homem possua a poderá deter.

17

O sábio compreende o significado disso e o utiliza para limpar seu caminho quando sua hora chegar.

XXI

VIGÍLIA

1

Se abandonando um pequeno prazer pode encontrar uma grande felicidade, não é sábio deixar o pequeno para obter o grande?

2

Aquele que constrói sua felicidade por cima da desgraça de outros ficará sempre amarrado com as correntes do ódio e delas nunca estará livre.

3

Não fazendo o que deve fazer e fazendo o que não deve fazer, os desejos e o orgulho do tolo aumentam.

4

Porém, aqueles que são cuidadosos em suas ações e não fazem o que não é permitido fazer são os verdadeiros sábios e vigilantes de seus desejos.

5

O santo está livre de seus pecados passados.

Mesmo que tenha cometido crimes, arrasado todo um reinado e seus habitantes.

6

O santo está livre de todos os seus pecados, mesmo que ele tenha assassinado um homem.

7

Os seguidores de Buda estão sempre alerta e vigilantes, meditando no seu mestre.

8

Sempre despertos, com a mente no caminho da lei.

9

Sempre despertos, dia e noite lembram a santa irmandade.

10

Sempre despertos, observando os mistérios do seu corpo.

11

Sempre despertos, alegram-se em amor todos os seres.

12

Sempre despertos, deleitam-se na meditação.

13

É difícil viver no mundo e é difícil deixar o mundo.
É doloroso estar só no meio da multidão.
O caminho da transmigração é longo e doloroso.
Fiquemos à margem desse caminho
e consigamos a liberdade.

14

O homem de bem, o homem de fé, o homem honrado é
sempre bem-vindo em toda parte.

15

O homem bom resplandece de longe como as
montanhas nevadas.
Os malvados escondem-se como flechas na noite.

16

Com calma, solidão e trabalho, viva feliz consigo mesmo, forte, livre de sofrimentos, às margens do bosque dos desejos.

XXII

A ESCURIDÃO

1

Tanto aquele que diz o que não é certo como aquele que nega seus atos caminham na escuridão.
Ambos sofrerão, pois os dois faltaram com a verdade.

2

Poderão vestir túnicas amarelas, porém, se não conseguem se dominar a si mesmos,
caminharão na escuridão.

3

A maldade está com eles.

Melhor seria comer ferro fundido que aquilo que lhes oferecem as boas almas.

4

Quatro coisas acontecem àqueles que flertam as esposas de outros homens: degradam-se a si mesmos, vivem na intranquilidade, são acusados pelos demais e vão para o inferno.

5

A degradação da alma, o medo, o perigo da justiça e o inferno.

Levando isso em conta, não procure a mulher de outro.

6

Há ervas que cortam suas mãos quando não sabe como arrancá-las; a vida religiosa, quando não é bem-seguida, pode levá-lo ao inferno.

7

Quando atos devotos são realizados descuidadamente, quando as palavras sagradas são profanadas e quando não atua com pureza, pouca coisa boa poderá conseguir na vida religiosa.

8

Se tiveres uma tarefa a fazer, faça-a com carinho e boa vontade.

O peregrino descuidado só serve para levantar poeira no caminho, o pó de seus perigosos deuses.

9

Melhor é não fazer nada do que fazer algo malfeito.

Lembre-se, tudo o que fizer o fará para você mesmo.

Não faça nada do que tenha de se arrepender depois.

As boas obras nunca geram sofrimento.

10

Da mesma forma que uma cidade fronteiriça é custodiada, guarde-se por fora e por dentro.

Não deixe de vigiar nenhum momento, para que a escuridão não vença.

11

Aquele que se sente envergonhado do que não deveria e não sente vergonha do que deveria anda pelo caminho do erro.

12

Aquele que teme o que não deveria temer e não sente temor do que deveria sentir anda pelo caminho do erro.

13

Aquele que pensa que as coisas boas são ruins e as coisas ruins são boas anda pelo caminho do erro.

14

Mas aquele que sabe que o que é bom é bom e que o que é ruim é ruim está no caminho correto e é adequado.

XXIII –

O ELEFANTE

1

Suporta as palavras duras como o elefante suporta a dor das flechas durante as batalhas.

2

Há elefantes adestrados para as batalhas. Outros, adestrados para levar o rei.

O melhor homem é aquele que consegue se dominar, suportando tranquilamente as mais duras palavras.

3

Melhores que os melhores bois, melhores que os melhores e mais nobres cavalos, melhores que os elefantes mais fortes são os homens que se dominam a si mesmos.

4

Não é cavalgando algum desses animais que o homem poderá chegar ao desconhecido.

Somente o fará mediante sua própria disciplina.

5

O grande elefante Dhaapalaka é selvagem quando está preso e não quer comer em cativeiro, pois fica saudoso dos bosques da sua infância.

6

O homem preguiçoso e comilão come e se deita a dormir, como um porco no curral. Terá de viver outra vez.

7

Minha mente sentia prazer vagando, indo na busca de prazeres e concupiscência. Agora está adestrada, e eu a dirijo como um ginete leva seu elefante selvagem.

8

Desfrute vigiando, cuide de sua própria mente,
saia do caminho da miséria, como um elefante que
entrou no lamaçal.

9

Se, durante sua viagem pela vida, encontrar um companheiro virtuoso, sábio, bom e dono de si mesmo, siga viagem com ele, porque juntos poderão superar os perigos do caminho.

10

Mas, se não encontrar esse amigo prudente,
virtuoso e sábio, bom e dono de si, é melhor viajar só, como um rei que abandona sua corte, como um elefante solitário na selva.

11

Pois é melhor caminhar sozinho pelos caminhos da vida do que caminhar com um tolo como companheiro.

Com poucos desejos e poucas preocupações, deixe-o para trás junto com todos os seus pecados, viaje só, como o grande elefante solitário da selva.

12

É bom ter amigos quando é preciso compartilhar com eles a felicidade.

É bom ter feito alguma coisa de mérito na vida e deixar para trás todo o sofrimento ao partir.

13

É bom ser uma mãe como é bom ser pai. É bom viver na solidão.

14

É bom desfrutar da vida virtuosa e é bom ter fé pura e firme.

É bom chegar à sabedoria e se libertar de todos os pecados.

XXIV

OS DESEJOS

1

Se ficares dormindo, deixando de procurar pela salvação, seus desejos se multiplicarão igual a uma planta enredadeira na selva.

Estará pulando de uma vida para outra como um macaco pula de galho em galho.

2

Quanto mais desejos, mais se complicarão seus sofrimentos.

3

Porém, se domina seus desejos, os sofrimentos irão se escorregando como os pingos de orvalho vão caindo da flor de loto.

4

Por isso digo a você e a todos os que chegaram até aqui: arranquem todos os seus desejos como é arrancada a erva daninha, desde a sua raiz.

Do contrário, a morte estará sempre ao seu lado, como o junco na beira do rio.

5

Pois da mesma forma que uma árvore caída pode crescer novamente, se as raízes não foram arrancadas, se os desejos não são totalmente arrancados, o sofrimento voltará a nascer.

6

As trinta e seis correntes dos desejos fluem para você.

Se brincar com elas na sua imaginação, poderá ser arrastado como a correnteza do rio arrasta tudo o que encontra pela frente.

7

Fluem por toda parte.

As enredadeiras dos desejos crescem por qualquer lugar.

Quando sentir que crescem, arranque-as com raiz e com o poder da sabedoria.

8

Os prazeres sensuais fluem por onde queira.

O homem que se deixa levar por eles será arrastado de uma vida para outra.

9-10

O homem encurralado pela luxúria é como uma lebre perseguida.

Acuado, sofre mais e mais.

Agoniado, passa de uma vida para outra. Para vencer a luxúria, é necessário vencer antes os desejos.

11

O homem livre de desejos é feliz na solidão.

Porém, alguns retornam aos seus desejos, à sua escravidão e às suas amarras.

Se você saiu da escuridão para a luz,
por que voltar à escuridão?

Se estiver livre, por que voltar à cadeia?

12

Não são as correntes de ferro as que prendem,
nem cordas nem cadeados.

É o desejo da riqueza, do ouro, das joias,
de mulheres e de filhos.

13

São como suaves laços, mas como prendem!

Poderá rompê-los?

Alguns conseguem, renunciando aos desejos mundanos, e iniciam pelo caminho da verdade.

14

O escravo corre para as correntes dos desejos como uma aranha corre pela sua rede.

Alguns conseguem cortar suas amarras, deixando para trás todos os sofrimentos.

15

Abandone o passado.

Abandone o futuro.

Abandone o presente.

Só assim poderá atravessar até a outra margem, além do nascimento e da morte.

16

O desejo pelas paixões e a ânsia pelo prazer crescem no homem inquieto. Quando seus desejos se tornam necessidades, está elaborando sua própria corrente.

17

Porém, aquele que se alegra com pensamentos de paz, que é consciente do sofrimento que gera o prazer e que se lembra da luz está prestes a ver o fim dos seus desejos e poderá romper as correntes da morte.

18

Alcançou o fim de sua viagem?
Não tem medo?
Seus desejos desapareceram?
Está livre de pecados?
Queimaram-se os espinhos da vida?
Este é seu último corpo mortal.

19

Livre de desejos, livre de inveja, conhece o sentido das palavras e suas combinações.
É um grande homem.
Um homem que enxerga a luz.
Este é seu último corpo mortal.

20

Tenho conquistado tudo.
Sei de tudo.
Minha vida é pura.
Tenho deixado tudo e estou livre dos desejos.
Achei o caminho da verdade.
A quem devo chamar de mestre?
A quem posso ensinar?

21

O dom da verdade é o maior dos dons.
O sabor da verdade é o mais doce dos sabores.
A felicidade da verdade é o maior de todos os prazeres.
O abandono dos desejos acaba com todos os sofrimentos.

22

A riqueza destrói o tolo que não leva em conta o além.
Sua avareza o destrói como seu pior inimigo.

23

As pragas destroem os campos.
As paixões destroem a natureza humana. Honre aqueles que vivem sem paixões e receberá muito em troca.

24

As pragas destroem os campos.

O ódio destrói a natureza humana.

Honre aqueles que vivem sem ódio
e receberá muito em troca.

25

As pragas destroem os campos.

As ilusões destroem a natureza humana. Honre aqueles que vivem sem ilusões e receberá muito em troca.

26

As pragas destroem os campos.

Os desejos destroem a natureza humana. Honre aqueles que vivem sem desejos e receberá muito em troca.

XXV

O SEGUIDOR

1

É bom controlar a visão, o ódio, o olfato e o sabor.

2

É bom controlar o corpo e as palavras. Controlar a mente e controlar a totalidade da vida interna.

Quando se consegue o total controle, desaparecem todos os sofrimentos.

3

O verdadeiro seguidor controla suas mãos e seus pés, deleita-se da sua sabedoria e está contente consigo mesmo.

4

Como são doces as palavras do seguidor que nunca se exalta, que controla sua língua e que fala com sabedoria!

5

Siga pelo caminho da verdade, medite nele, reflexione.

Deleite-se nele.

Siga-o!

O caminho do Dhamma o sustentará.

6

Receba humildemente o que receber, não tenha inveja do que foi concedido a outros.

A inveja destrói a concentração.

7

Agradeça sempre por tudo aquilo que possui,
muito ou pouco.

Aceite de bom grado o que vier para você.

Será uma honra dos deuses.

8

O verdadeiro seguidor não se identifica nem com o nome nem com a forma, não se lamenta pelo não possui nem por aquilo que poderia ter possuído.

9

O seguidor que vive em harmonia, com fé nos ensinamentos de Buda, alcançará a paz e conhecerá a liberdade sem condições.

10

Alivie o peso de sua vida.
Quanto mais leve, mais rápida será a viagem.
Abandone seus ódios e paixões.
Com menos carga, navega-se melhor.

11

Desfaça os cinco nós: egoísmo, dúvida, paixão, falsa espiritualidade e ódio. Aquele que desamarra esses cinco nós segue facilmente sua vida.

12

Não há tempo a perder.

Medite e esqueça os prazeres sensoriais, para que não lhe aconteça como àqueles que, no fogo do inferno, tiveram de engolir ferro ardente.

13

Aquele que não tem sabedoria não poderá meditar, e quem não medita não tem sabedoria.

Aquele que medita e possui a sabedoria encontra-se muito próximo da libertação.

14

O seguidor que consegue acalmar sua mente e entra na casa vazia do seu coração sente um enorme prazer contemplando a luz da verdade.

15

Quando se compreende quão efêmeros são os seres humanos e os acontecimentos, se alcança uma tranquila felicidade, iluminada pela luz da verdade.

16

Este é o começo da vida do seguidor: controle de seus sentidos, felicidade, seguir as leis da moralidade e ter boas amizades que sigam uma vida pura e se esforcem na procura da verdade.

17

Vivendo com amor e cumprindo suas obrigações, conhecerá o fim dos sofrimentos.

18

Não se prenda a paixões nem a rancores, como o jasmim se desprende de suas flores murchas.

19

O seguidor vive na calma.

Há sossego no seu corpo e na sua mente.
É dono de si mesmo.

Vigia constantemente e rechaça as seduções do mundo.

20

Levante-se!

Erga-se você mesmo.

Alcance a perfeição por você mesmo, esteja vigilante de você mesmo e viverá a felicidade suprema.

21

É você seu próprio mestre, é você seu próprio refúgio.

Domine-se a si mesmo como é dominado
um cavalo amansado.

22

Cheio de luz e alegria, o seguidor aproxima-se ao coração da calma; tendo transcendido o tempo, encontrará a eternidade, a joia suprema da iluminação.

23

Quando um seguidor, por mais jovem que seja, segue o caminho de Buda, brilha sobre o mundo como brilha a lua numa noite clara.

XXVI

O VERDADEIRO MESTRE

1

Atravessa a correnteza com todo o seu coração.
Deixe para trás os desejos.
Quando estiver livre de tudo o que é condicionado,
alcançará a iluminação.

2

Quando, por meio da meditação, alcança o outro lado do rio, rompem-se todas as amarras e obtém-se a visão suprema.

3

Para um verdadeiro mestre, não existe mais um ou outro lado do rio.

Consegue desfazer todas as amarras e enxergar o mundo com clareza.

4

O verdadeiro mestre medita, vive com simplicidade e, na paz, faz seu trabalho, está livre de paixões e está no supremo final.

5

Durante o dia, brilha o sol, e durante a noite, a lua.

O soldado brilha na sua armadura, e o seguidor, na sua meditação.

Entretanto, o Buda brilha dia e noite, e no brilho de sua glória, brilha o homem desperto.

6

O verdadeiro mestre já superou o mal. Está tranquilo de corpo e alma, deixando para trás todas as impurezas.

7

O verdadeiro mestre nunca se ofende. Não responde ao mal com o mal.

8

Não há nada que mais aprecie um mestre que manter separada sua mente dos prazeres do mundo.

Quando desaparece o desejo, desaparece toda dor.

9

O mestre não ofende com suas palavras, nem com seus pensamentos, nem com o corpo, pois mantém um perfeito controle sobre os três.

10

Honra o homem libertado, aquele que segue o caminho da verdade.

11

Nem o cabelo comprido nem a família transformam um homem em mestre. Somente a verdade e a retidão vivida, com as que tem sido abençoado.

12

De nada serve ao tolo o cabelo longo, nem os enfeites de pele.

De nada serve limpar o exterior, quando o interior está cheio de desejos.

13

Entretanto, um homem vestindo trapos, aparecendo as carnes e o rosto pálido, mas que medita sozinho, esse sim, pode ser um verdadeiro mestre!

14

Ninguém é mestre por ter nascido de uma família, por muito importante e rica que esta seja.

Para ser um mestre, é imprescindível estar livre de desejos e possessões.

15

O mestre não conhece o medo.

Quebrou todas as amarras.

É absolutamente livre!

16

Livre das correntes, das cordas e dos cadeados, ergueu a barra de ferro que trancava a porta.

Saiu das trevas dos sonhos e está completamente desperto.

17

O mestre suporta os insultos, os deboches e a cadeia, apesar de nunca haver cometido falta alguma.

Sua força é sua paciência.

18

Cumpre as promessas, jamais se entrega à violência, é virtuoso, está livre de desejos e sabe que este será seu último corpo.

19

Igual a um pingo de água na folha de loto, igual a um grão de mostarda na ponta de um alfinete, não tem nenhum apego ao prazer.

20

Inclusive, neste mundo conheceu o fim do sofrimento, está liberado de toda carga e completamente livre.

21

Sua inteligência é profunda, assim como sua sabedoria.
Conhece o caminho e tudo o que existe fora dele.
Alcançou o mais alto, realizou a verdade nesta vida.

22

Mantém-se longe daqueles que têm casa
e dos que não têm.
Caminha solitário sem nenhum desejo.

23

Não faz mal a nenhuma criatura viva, seja pequena ou grande, não mata nem é motivo de matança.

24

È tolerante com o intolerante, pacífico com o violento e desapegado com o ambicioso.

25

O ódio, a paixão, o orgulho e a hipocrisia caíram dele como cai um grão de mostarda da ponta de um alfinete.

26

Diz a verdade sem ofender ninguém.

Suas palavras são claras e instrutivas.

27

Não pega nada que não seja oferecido a ele, seja bom ou ruim, grande ou pequeno.

28

Não deseja nada deste mundo nem do outro.
Nenhum desejo, por isso está liberado.

29

Sua inteligência está livre de dúvidas, está além dos juízos e do arrependimento.

30

Está além do bem e do mal, livre das paixões, do sofrimento e das impurezas.

31

É claro e sereno, brilhante e tranquilo como a lua imaculada.

32

O verdadeiro mestre atravessou o lamacento mundo da ilusão e o empoeirado caminho da transmigração, atravessou ao outro lado do rio e, livre de dúvidas e desejos, alcançou a glória da iluminação.

33-34

Deixou para trás prazeres do mundo sensorial.

Caminha sem rumo, sem casa e sem desejos.

35

Não está preso ao mundo dos homens, nem ao mundo dos deuses.

Está livre de tudo o que existe na criação.

36

Deixou para trás os prazeres e as dores, a semente dos mundos que perecem.

É o herói que conquistou o universo.

37

Tem conhecimento de que todos os seres morrem e voltam a nascer.

Também sabe que sua tarefa está terminada,
pois está desperto.

38

O verdadeiro mestre não deixa marcas. Ninguém sabe por que caminho andou: nem os homens, nem os espíritos, nem os deuses.

39

Para ele, não existe nem o passado nem o futuro.

Nada tem e nada deseja.

40

O verdadeiro mestre é cheio de poder, nobreza, sabedoria e pureza.

Ele vê tudo.

Vencedor da morte.

Aquele que chegou até o fim do caminho. Aquele que despertou e vive sem temores.

41

O verdadeiro mestre é aquele que chegou ao final do caminho.

Conhece suas vidas passadas.

Conhece as delícias do céu e os sofrimentos do inferno, sua visão é pura e sua perfeição é a Perfeição Suprema.